How Beau the Cat Learned Spanish

Cómo Beau el Gato ha aprendido el español

A Bilingual Book by **Lily Summer**

Copyright © 2017 by Lily Summer

ISBN 13: 978-1-58790-400-4
ISBN 10: 1-58790-400-4

All rights reserved.

Manufatured in the U.S.A.
REGENT PRESS
Berkeley, California
www.regentpress.net

Beau's Signature

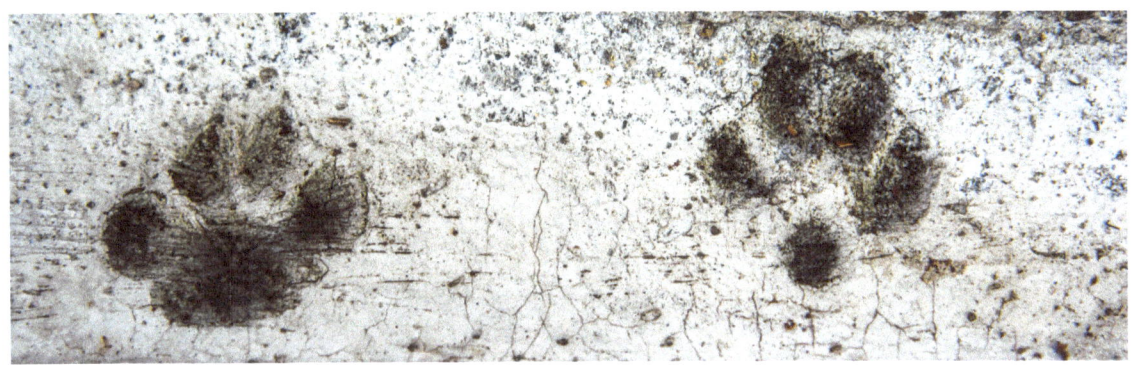

La firma de Beau

My thanks go to :

Mark Weiman, my editor, for his dedication and wealth of knowledge. He made this unique book possible.
Gayle Young, Beau's Mom, for generously sharing her precious cat with me.
Amélie Hassan for her design talents.
Mc Kenna for her lovely portrait of Beau.

Muchas gracias :

A Mark Weiman, mi editor, para su dedicación a la creación de ese libro y su gran el conocimiento profesional.
A Gayle Young, la "Mamá" de Beau, que ha generosamente compartido su gato querido conmigo.
A Amélie Hassan para sus talentos de diseño.
A Mc Kenna para sus magnificos retratos de Beau.

Beau wants to go to Madrid.

Beau quiere ir a Madrid.

Beau is a foodie. He adores eating. Yet Beau thinks, "In Madrid they speak Spanish."

Beau es goloso. A él le gusta mucho comer. Así que Beau piensa: "En Madrid se habla español."

If he wants to eat well in Madrid, he needs to know how to say chicken, salmon, tuna, cheese, mouse, shrimp, seafood paella, and fried prawns in Spanish!

Si él quiere comer bien en Madrid, él tiene que saber decir pollo, salmón, atún, queso, rata, camarón, paella de mariscos y gambas a la plancha!

Only one solution: Lisa. Each day Beau has noticed students with a notebook and pen arriving at her house to learn Spanish. Lisa is a language teacher. So Beau secretly listens, spies and learns.

Soló una solución: Lisa. Cada día Beau ha notado que estudiantes con un cuaderno y un bolígrafo vienen a su casa para aprender el español. Lisa es una profesora de lenguas. Así que Beau escucha en secreto, espia y aprende.

In the bird bath, he learned how to count from one to ten: one, two, three, four, five, six, seven, eight, nine, ten.

En la bañera para los pajaros, ha aprendido a contar desde uno hasta diez: uno, dos, tres, cuatro, cinco, seis, siete, ocho, nueve, diez.

Near the hat, he learned the word "roast chicken".

Cerca del sombrero, ha aprendido la palabra "pollo asado".

On the garden chair, he learned to ask, "I would like a bowl of water please."

En el sillón de jardin, ha aprendido a pedir: "Me gustaría un bol de agua, por favor."

On the couch, he pretends to sleep and he learned the word "smoked salmon". But Beau only likes fresh salmon.

En el sofá, simulando dormir, ha aprendido la palabra "salmón ahumado." Pero a Beau soló le gusta salmón fresco.

Under the bed, he learned the word "mouse". But when the mouse is small, one says mousie. Beau is a cat. He is two now, so he is not a kitten anymore.

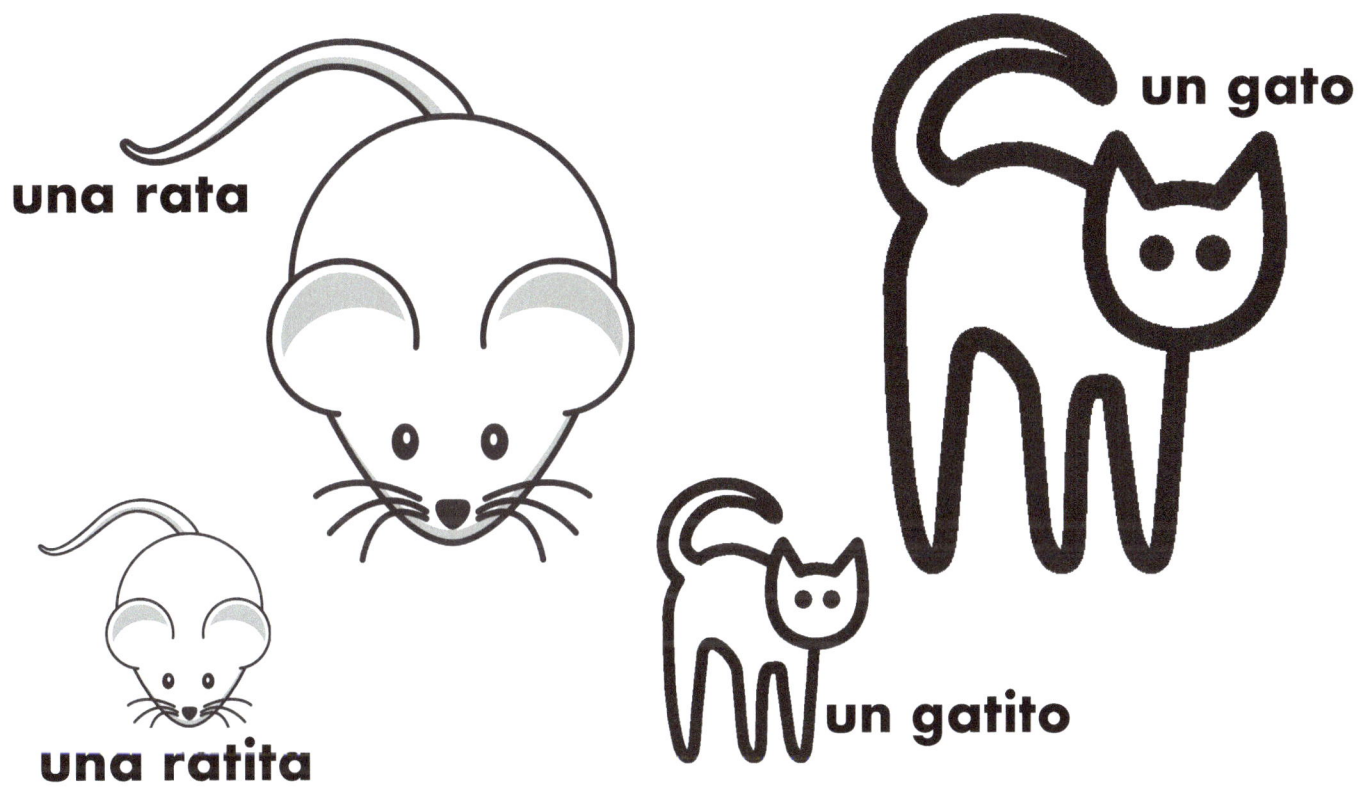

Debajo de la cama ha aprendido la palabra "rata". Pero cuando la rata es pequeña se dice una ratita. Beau es un gato. Ahora él tiene dos años, no es un gatito.

In the car he learned how to pronounce the sounds of Spanish like "jota", "rr", "z". "Jota" and "z" are the easiest for him because he knows how to purr. "Rr" like in the word "dog" in spanish – "perro" – hurts his throat of course! For the "jota" he trained himself to say "bring down the cage of the bird in the garden."

En el coche ha aprendido a pronunciar los sonidos del español cómo la jota, la rr y la zeta. La jota y la zeta son las más faciles para él porque sabe ronronear. La "rr" cómo en la palabra "perro" le duele la garganta ¡Claro! Para la jota se ha entrenado a decir:
"Aba**j**a la **j**aula del pá**j**aro en el **j**ardín."

Lisa has a lot of patience. She pronounces the words clearly and repeatedly. That way Beau is learning quickly and well. In the closet, Beau reviews all the vocabulary and makes sure Lisa doesn't forget anything, especially her summer shoes.

Lisa tiene mucha paciencia. Ella pronuncia las palabras claramente y repetidamente. De esa manera Beau aprende bien y rápidamente. En el armorio, Beau revisa todo el vocabulario y se asegura que Lisa no se olvida nada, especialmente sus zapatos de verano.

After a few months he is ready and sneaks into Lisa's suitcase. Lisa is going to Madrid tomorrow. Beau is very happy. He can't wait to see the Royal Palace and the Plaza Mayor.

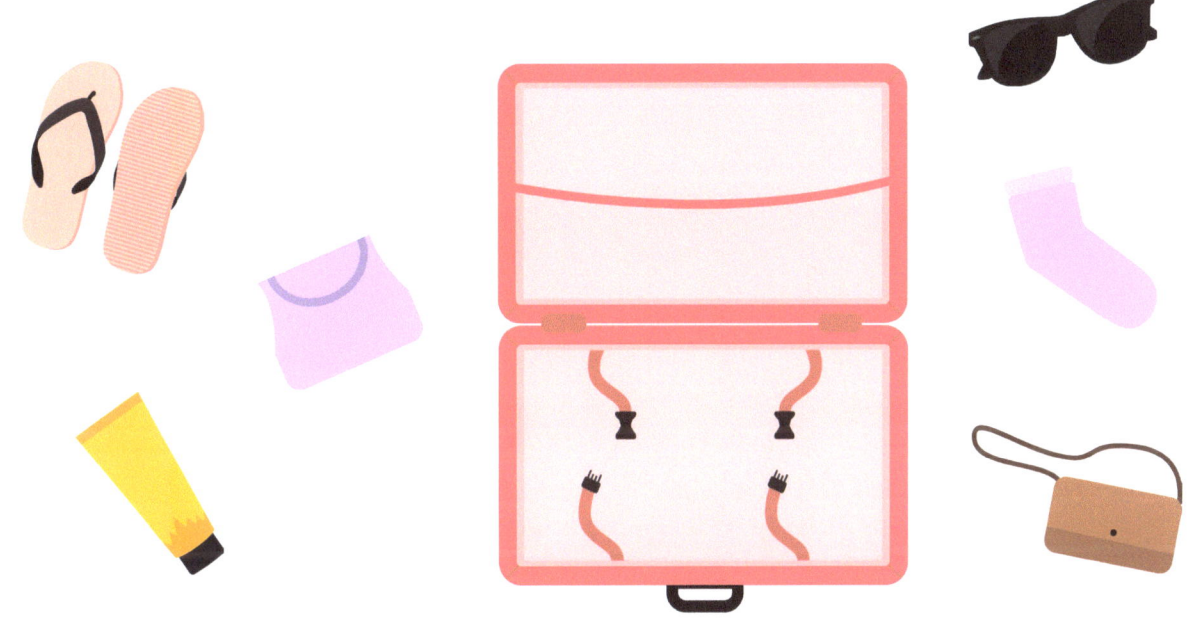

Después de unos meses él esta listo y se desaliza en la maleta de Lisa. Lisa se va a ir a Madrid mañana por la mañana. Beau es muy feliz, es impaciente ver el Palacio Real y la Plaza Mayor.

McKenna, Lisa's Spanish student, drew portraits of Beau who has been eavesdropping on their lessons.

McKenna una alumna de Lisa en español ha dibujado un retrato de Beau que les ha espiado durante sus lecciones.

Draw your own picture of Beau:

Dibuja Beau:

www.ingramcontent.com/pod-product-compliance
Lightning Source LLC
Chambersburg PA
CBHW041530070526
44586CB00002B/36